Couverture inférieure manquante

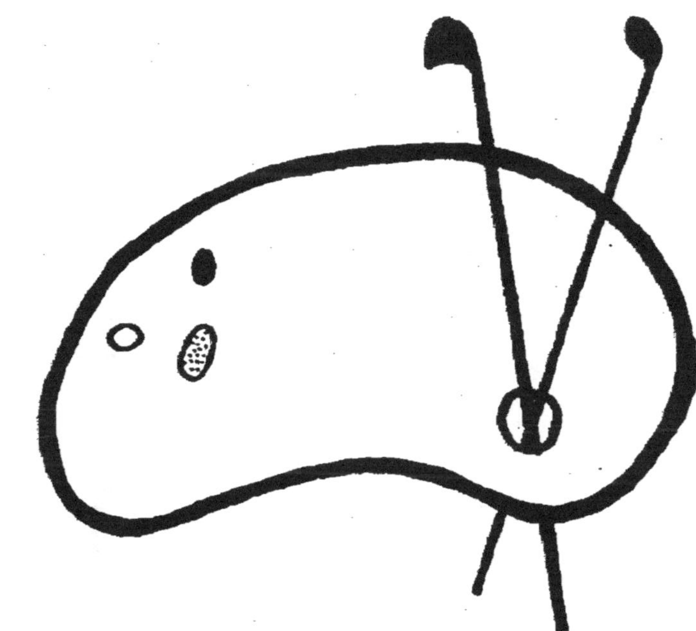

DEBUT D'UNE SERIE DE DOCUMENTS
EN COULEUR

LES MULETIERS

DU

Vivarais et du Velay

PAR

A. MAZON

LYON

IMPRIMERIE DU SALUT PUBLIC

33, Rue de la République, 33

1888

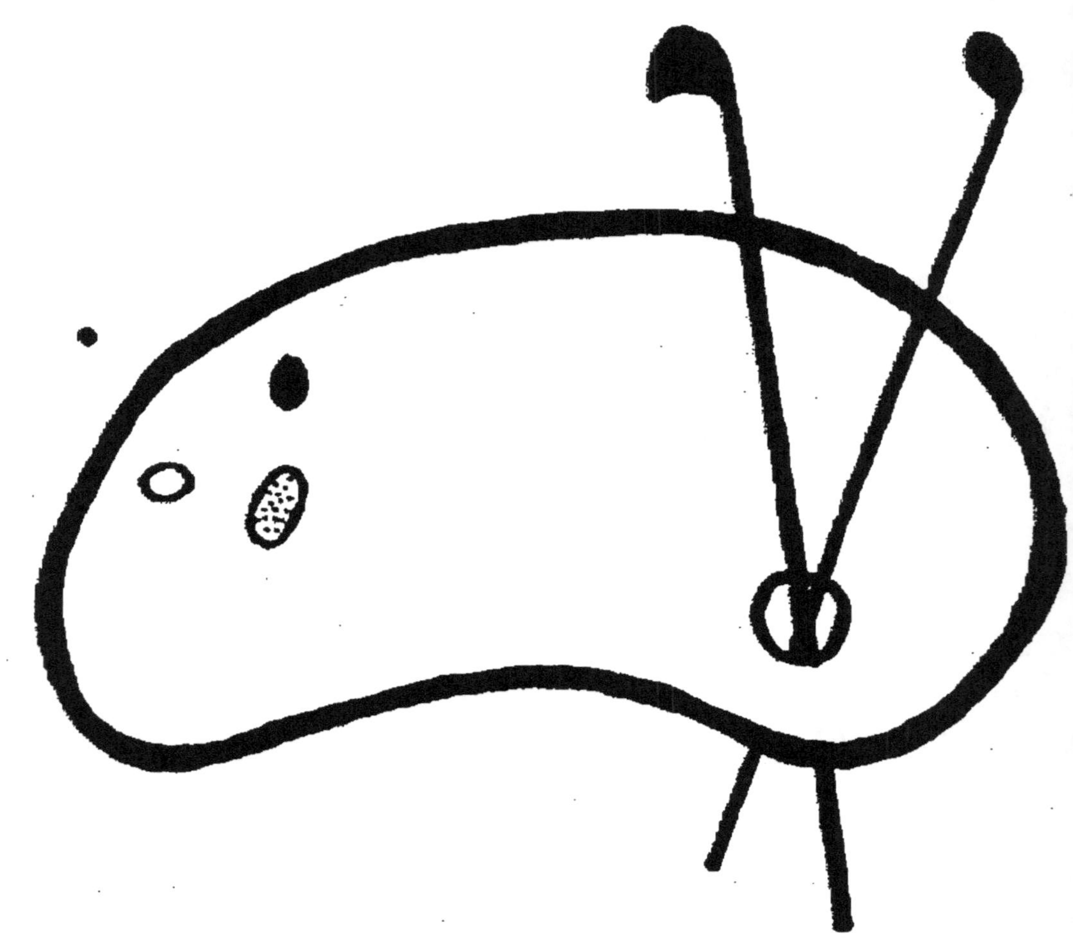

FIN D'UNE SERIE DE DOCUMENTS
EN COULEUR

LES MULETIERS

DU

Vivarais et du Velay

PAR

A. MAZON

LYON

IMPRIMERIE DU SALUT PUBLIC

33, Rue de la République, 33

1888

SOMMAIRE

LES MULETIERS

DU

VIVARAIS & DU VELAY

Tout le monde connaît ce grand phénomène de la vie de la terre que Pierre Leroux croyait avoir découvert, parce qu'il l'avait baptisé du nom de *circulus* : le soleil vaporise l'eau des mers et des lacs, et les nuages ainsi créés vont se c   denser sur les hautes montagnes, d'où, retombant à l'état aqueux, après avoir quelquefois séjourné dans les réservoirs aériens des glaciers, ils reviennent fertiliser le sol et finalement alimenter de nouveau les lacs et les mers.

Or, le bon Dieu, pour ne pas trop favoriser sans doute les ivrognes, avait négligé d'établir un circulus analogue pour le vin. C'est cette lacune que vinrent combler les muletiers à une époque où les chemins de fer n'existaient pas et où les meilleures routes ne valaient pas le diable. Ils poussèrent, — on ne sait quand ni comment — dans toutes les zônes montagneuses qui ont du vin à leurs pieds et des grains ou des pâturages sur leur tête. Peut-être sont-ils pour cette raison aussi vieux que le monde, du moins le monde qui a profité de la découverte de Noé, et partout sans doute, en cherchant bien dans les paperasses de l'histoire ou dans les traditions populaires, on les trouverait, à toutes les époques, grimpan, les montagnes et portant, dans leurs outres aux habitants d'en haut, l'excédant de soleil et de parfum dévolu aux habitants d'en bas, transformé par eux en généreuse et rutilante boisson.

Cette hypothèse est trop dans la nature des choses pour qu'elle ne reçoive pas tôt ou tard des recherches des érudits une éclatante sanction. Notre but aujourd'hui est beaucoup plus modeste. Les muletiers des Alpes, des Pyrénées et des autres montagnes de France nous intéressent peu, à plus forte raison ceux du reste du monde. Mais les muletiers des Cévennes nous touchent particulièrement. Le passage de leurs anciennes caravanes dans notre ville natale a été une des distractions de notre enfance. Faute de pouvoir aller au-devant d'un régiment, précédé d'un tambour-major démesuré et s'avançant fièrement, musique en tête; faute de pouvoir même suivre de simples retraites au clairon, par la raison bien simple que Largentière, quoique chef-lieu d'arrondissement, n'a été que rarement dotée d'une garnison et que, le cas survenant, il n'y a jamais eu plus de cinquante pantalons rouges à la fois avec deux tambours au plus, il fallait bien que notre curiosité enfantine cherchât une compensation dans le spectacle des muletiers.

Et balalin! balalan! C'est ainsi que les galopins de notre temps traduisaient la mélopée bruyante, cadencée au pas des mulets, qui annonçait le passage de ces pittoresques convoyeurs d'autrefois. Nous venons de les voir repasser en imagination, c'est-à-dire dans le beau roman de *Jan de la Lune*, de notre ami et compatriote, Firmin Boissin, du *Messager de Toulouse*. On peut regretter que cet écrivain, si original et si vrai en même temps dans sa peinture des hommes et des choses du Vivarais, ait défloré son héros, le chef des *cébets*, c'est-à-dire de nos paysans révoltés contre le régime de la Terreur, en en faisant un muletier, mais l'art y a gagné certainement un tableau, magistralement troussé, d'un type disparu. Oyez plutôt :

« Chapeau feutré, rond, très bas, à longs poils et à larges ailes, blouse bleue liserée de blanc, gros souliers ferrés avec des caboches, favoris en broussailles, œil émerillonné, anneaux d'or aux oreilles, ceinture rouge à plusieurs tours, où s'agrafaient un trocard pour percer l'outre et une tasse d'argent pour déguster le moût, tels, sur les routes du Mailhaguez, allaient et venaient pittoresquement les muletiers du mandement de Borne et de la viguerie de Coucouron.

« Ils descendaient de là-haut avec des équipages de dix, douze, quinze mulets. Ces bêtes portaient beau. Des rangées parallèles de sonnettes minuscules pendaient au tablier de leur poitrail et à leur têtière. Toutes les fois que les bardots, piqués par les taons, se trémoussaient ou s'émouchaient les flancs avec leurs queues, mises en branle ces clochettes, comme celles d'un chapeau chinois, faisaient un tinrelintintin d'enfer.

« Deux plaques rondes en laiton, fixées aux tempes et gravées d'arabesques, garantissaient l'animal des rayons trop crus du jour et des ombres soudaines qui provoquent la panique et le bronchement. Entre ses oreilles pointait un superbe pompon, et au dos de chacun, retenues par la fauchère, deux longues outres étaient billées, de la contenance de huit setiers. »

Les voilà bien ces hommes et ces bêtes dont l'image était restée gravée dans notre mémoire, et dont nous avions si souvent observé l'accoutrement, les mœurs et les allures. Depuis lors, nous avons eu bien souvent l'occasion de causer avec de vieux muletiers mis à pied par le progrès des voies de communication, et surtout par l'avènement de la locomotive, et c'est ainsi que nous allons pouvoir compléter historiquement le charmant tableau de Boissin.

**

Il y avait en Vivarais deux sortes de muletiers : ceux qui portaient les vins du Bas-Vivarais et du Rivage (les bords du Rhône) sur les plateaux auvergnats, et ceux qui portaient la soie d'Aubenas à Saint-Etienne. Nous dirons un mot à la fin de ces derniers. Les premiers étaient de beaucoup les plus

importants et les plus anciens. Un certain
nombre allaient jusqu'au Puy où affluaient
aussi les clairets de la Limagne, mais où
l'on appréciait bien autrement la sève chaude
des vins du Bas-Vivarais. Du Puy, tous ces
vins se répartissaient sur le plateau central.
Mais beaucoup allaient directement des
lieux de production aux lieux de consommation, dans la Lozère et la Haute-Loire,
et c'était le cas de presque tous les vins du
Bas-Vivarais.

Beaucoup de gens, même en Vivarais,
ignorent la haute antiquité de la culture de
la vigne dans cette province et l'importance
qu'y avait déjà la production du vin à une
époque très-reculée.

Pline, dans son Histoire naturelle, dit
qu'on trouva à *Alba Helvia* dans la Narbonnaise (aujourd'hui Aps, dans l'Ardèche),
« une vigne dont la floraison s'accomplit en
un seul jour, et à cause de cela très-sûre (*ob
id tutissima*), que la Province tout entière,
ajoute.t-il, cultive aujourd'hui. »

On a conclu de ce passage, non sans raison, que la vigne était indigène en Fran-

ce(1), et ce n'est pas un mince honneur, on
en conviendra, pour la capitale de l'ancien
Vivarais, d'avoir été le point de départ d'une
culture qui est encore une des richesses du
pays tout entier. Il est à remarquer, du reste, que le plus important personnage d'Alba,
dont le nom soit parvenu jusqu'à nous, est
un marchand de vins : il s'appelait Minta-
thius Félix et, quoique établi à Lyon, la cité
d'Alba l'avait admis dans son Sénat. Les
marchands de vins de Lyon lui élevèrent à
sa mort une statue dont l'inscription est un
des plus précieux monuments du musée de
Lyon.

M. Allmer, dans son remarquable travail
sur le vieux Lugdunum (2), constate ainsi

---

(1) Elle l'est certainement, puisqu'on trouve
des empreintes de ses feuilles dans le terrain
pliocéne de l'Ardèche. Voici ce que dit à cet
égard M. l'abbé Boulay, professeur de botanique
à l'Université libre de Lille, dans une *Notice sur
la flore tertiaire des environs de Privas*, lue à la Société botanique de France, le 27 mai dernier. :

« Les *vitis* si fréquents et de formes si variées
à Charay et à Rochessauve, embrassent dans le
nombre notre vigne sauvage actuelle, comme M.
de Saporta l'a reconnu. »

(2) *Revue épigraphique du Midi*, janvier 1887.

l'importance des marchands de vins (*vina-rii*) de Lyon :

« La culture de la vigne n'est pas permise dans la Gaule ; en Narbonnaise, et peut-être aussi sur quelques points du littoral de l'Aquitaine, elle est seulement tolérée. C'est, jusqu'à une époque avancée du IIIe siècle, l'Italie qui fournit presque tout le vin à la consommation de la Gaule. Lyon en est le grand entrepôt. Les vins arrivent par le Rhône, et de là sont transportés par les routes de terre et la Loire, par la Saône et plus loin la Seine et la Moselle, jusqu'à l'Océan, jusqu'à la Manche, jusqu'au Rhin et ses nombreux affluents. Riches et considérés sont les négociants en vins de Lyon. On leur élève des statues. Ils viennent après les décurions, sur pied d'égalité avec les chevaliers et les sévirs augustaux et avant toutes les autres corporations. Un d'eux a, dans la cité des Helves, *pays vignoble en renom*, le privilège honorifique d'assister aux spectacles parmi les décurions. »

C'est l'empereur Probus qui fit cesser l'interdiction de cultiver la vigne dans les Gaules. On dit même qu'après avoir rétabli la tranquillité dans tout l'empire, vers l'an 281, il employa ses troupes à la propagation de cette culture en Gaule, en Espagne, en Pannonie et en Mœsie. Les vignobles de la région de Lyon et d'une partie de la vallée du Rhône datent sans doute de cette époque, mais ceux du Vivarais, qui était compris au moins partiellement dans la Narbonnaise, sont évidemment antérieurs, et l'origine vinicole de Minthatius Félix n'était peut-être pas étrangère aux honneurs dont il fut l'objet, en même temps qu'on peut y voir l'indice que les Lyonnais de son temps, moins gâtés sous ce rapport que ceux d'aujourd'hui, appréciaient particulièrement les vins helviens.

Il est à remarquer que la corporation des fabricants d'outres (*utricularii*) venait la troisième à Lyon comme importance, après celles des marchands de vins et des nautes, ce qui implique déjà un certain développement de l'industrie muletière, attendu que les outres conviennent surtout au transport des liquides par les bêtes de somme comme les tonneaux au transport par eau.

***

Les données positives sur la culture de la vigne, en Vivarais, sont assez rares pendant le Moyen-Age. Mais, à partir du VIII<sup> ou IX<sup> siècles, les vignobles figurent dans une foule de documents locaux. Ainsi, la charte des donations de l'église de Viviers, connue sous le nom de *Charta Vetus*, et le bref d'obédience des premiers chanoines de Viviers, deux documents qui relatent des faits généralement antérieurs au X<sup> siècle, mentionnent de nombreux vignobles parmi les terres données à l'évêque. Un de ces vignobles, situé à Gras (près du Bourg-Saint-Andéol), est indiqué comme pouvant produire cent quatre-vingts muids de vin. Les noms de *Vallis Vinaria* et de *Vinezacum*, qui s'y trouvent, témoignent aussi de l'antique renommée viticole du pays. Le cartulaire de Notre-Dame-du-Puy mentionne, de son côté, des vignes données dans le Vivarais à ce célèbre sanctuaire, notamment à Arlebosc, en 912. Enfin, le cartulaire de Saint-

Chaffre nomme les localités, presque toutes situées en Vivarais, dont les obédienciers étaient chargés de fournir de vin la maison-mère. Ucel, près d'Aubenas, envoyait la provision d'un mois ; Prunet, près de Largentière, un mois également ; Thueyts, deux mois ; Saint-Andéol-d'Escolen, sur l'Erieux, près des Ollières, trois mois, etc. Presque toutes les donations de ce cartulaire, qui se rapportent au Vivarais, mentionnent des vignes. Il résulte d'un acte du notaire Mourgues, de Gravières, que le prieur de Langogne, dépendant de Saint-Chaffre, affermait, en 1644, les dîmes de blé et vin qu'il levait dans la seule paroisse de Saint-Genest-de-Bauzon, moyennant cent vingt-cinq charges de vin.

Les registres de notaires des régions d'Aubenas, Privas, Rochemaure, Largentière, les Vans et autres, que nous avons parcourus, indiquent au XIV⁰ et XV⁰ siècles, une telle quantité de terres cultivées en vignes, qu'on peut se demander si la production du vin en Vivarais n'était pas plus considérable alors qu'aujourd'hui, même avant le phylloxera.

Le curieux extrait ci-après d'un manuscrit inédit de Jean Pélisson (1), le premier
principal du collège de Tournon, peut donner une idée de la prospérité agricole de
cette partie des bords du Rhône au XVI⁰
siècle et de la renommée dont jouissaient
dès lors les vignobles vivarois, les plus voisins de l'Ermitage et de Cornas (vers 1560) :

« Encore aujourd'hui vous iriez chez un
paysan de Tournon, vous y seriez bien souvent mieux reçu que chez des bourgeois, et
vous trouverez le plus souvent que le vigneron aura mis à part de quoi acquérir quelque bon fonds de terre et vigne, que n'aura
pas l'artisan ni le bourgeois ; car il n'est
fruit qu'il ne fasse sortir de ses terres et
vignes ; et aux pays circonvoisins il ne se

---

(1) Ce manuscrit qui n'a pas été imprimé et
ne le sera probablement jamais, car la thèse en
est aussi naïve que fabuleuse, est intitulé : *L'antiquité de la famille de Tournon*. L'original appar-
tient à M. Gallier, le savant président de la
Société d'arcléologie de la Drôme. Nous avons
pris nos extraits sur une copie, plus ou moins
modernisée, faite par Poncet, l'auteur des *Mé-
moires sur Annonay*.

cueille point de vin si délicat ni friand
qu'aux terroirs de Medves (Mauves) et de
Tournon, ni qui soit plus renommé ; car il
se porte à Rome et s'y vend presque autant
qu'on veut ; et les princes de la cour de
France et le roi lui-même en achètent tous
les ans ; de quoi se fait beaucoup d'argent ;
car il est plus qu'incroyable qu'en divers endroits desdits vignobles de Tournon et de
Medves, chaque homme de vigne rend un
muid de vin quand il est bien fait et cultivé.

«Dont on donne communément aux vignerons les vignes à faire par telles conditions
qu'ils fournissent tout à leurs propres dépens et avec ce payent toutes les contribu-
tions ; et pour leur travail et dépens, ils ont
la moitié de la vendange qu'ils font vendan-
ger à leurs dépens, et l'autre moitié est aux
maîtres de la vigne, et le vigneron la fait
porter à son tinal à ses dépens ; et plusieurs
des maîtres retiennent les sarments et toutes les amandes s'il y a plusieurs amandiers,
et se partagent ensemble les autres fruits,
comme figues, pêches, abricots, aubergines,
grenades, pommes et poires de la Saint-Jean,
cerises et griottes, et semblables fruits dont
les vignerons font un grand argent, car ils
sont les plus beaux et meilleurs, et mûris-

sent plus tôt qu'en Dauphiné et au pays bas, et on les porte à Lyon et au Puy, où ils se vendent au poids de l'or, si grande envie chacun a auxdites villes d'en avoir et s'en font des présents comme fruit nouveau. Les riches ont, outre leurs vignes, de beaux vergiers, et après qu'ils ont cueilli ce qu'ils ont voulu pour eux, ils vendent auxdits vignerons ou laboureurs, ou bien aux *courtiers des montagnes* qui ne font jamais qu'aller et venir pour amener du vin ou du sel ou desdits fruits, et apportent beaucoup de blé, avoine, légume et fromage desdites montagnes. Ainsi de toutes choses, les habitants de Medves faisaient beaucoup de l'argent. »

Avons-nous besoin de faire observer que ces *courtiers de montagnes* dont parle le bon Pélisson sont évidemment des muletiers?

Des documents de la même époque nous montrent la région d'Annonay comme possédant alors un vignoble d'une véritable importance. Une grande partie des propriétés d'Achille Gamon, mentionnées dans son Livre de Raison, sont des vignes. En 1575, le sieur de la Barge, commandant des catholiques en Vivarais, après avoir vainement tenté d'empêcher tout commerce avec les Annonéens hérétiques et rebelles, eut

l'idée de les punir en contrariant leurs vendanges. Il envoya donc ses soldats par petits
détachements dans les vignes avec mission
d'enlever vendanges et vendangeurs. Les
muletiers fait prisonniers par les soldats,
devinrent si rares que la journée d'une bête
de somme coûtait autant que le prix d'une
saumée de vin. La saumée représentait
84 litres.

Christophle de Gamon, dans son *Jardinet
de poésie*, paru en 1600, met en scène la ville
d'Annonay demandant au poète de cé-
lébrer

Ses coteaux, son *vignoble* et son marché fréquent.

Jacques de Serres, un Annonéen, qui fut
évêque du Puy, de 1596 à 1621, fit venir des
vignerons de son pays natal pour planter
des vignes en Auvergne.

***

Olivier de Serres, dans son *Théâtre d'a-
griculture*, constate que la France ne le cé-
dait à aucun autre pays pour la production
des bons vins. Parmi ceux du Vivarais, il

donne une place d'honneur aux « excellents »
vins blancs de Largenti re, Montréal, Lam-
bras (Vinezac), et aux « friands vins clérets »
de Monsson-Giraud (près de la Villedieu),
Bagnols (près d'Aps), Villeneuve-de-Berg
et Tournon.

Un mémoire sur la production vinicole du
Vivarais au commencement du siècle dernier (1) contient les données suivantes sur
la qualité des vins du Vivarais :

« La qualité des vins du Vivarais est renommée. Ceux de la côte du Rhône ont surtout une réputation particulière et l'on sait
qu'ils gagnent à l'exportation. Leurs qualités supérieures sont les vins d'Ardoix, de
Limony, de *Chasseras* (probablement Séché-
ras), de Tournon, de Cornas, de Saint-
Péray, de Casemale (près du Pouzin) et de
Saint-Marcel. Dans l'intérieur du pays, on
distingue les vins de Villeneuve-de-Berg, de
Mirabel, de Cetras (près de Vogué), de
Saint-Privat et de Banne. »

Relativement à la quantité, le mémoire
évalue à quinze ou vingt mille muids (le

---

(1) Bibliothèque Nationale *Collection du Languedoc*, tome 23.

muid pesant 12 ou 1,500 livres) pour la partie méridionale, c'est-à-dire le Bas-Vivarais, et à dix ou quinze mille muids pour la partie septentrionale.

On calculait que, pour l'ensemble du Vivarais, la production du vin excédait la consommation locale des deux cinquièmes environ, et l'on considérait l'exportation de cet excédant comme compensant à peu près les deux cinquièmes de déficit que présentait la production des grains dans la contrée.

L'exportation de la partie méridionale se faisait uniquement au moyen des muletiers, dans la direction du Gévaudan, du Velay et jusqu'en Auvergne. Quant à la région bordant le Rhône, le fleuve lui offrant des moyens d'échange plus faciles que les routes des montagnes, c'est par bateaux qu'une partie au moins de ses vins s'exportait surtout vers le Nord, et, dit le mémoire, jusqu'à Paris. Il résulte du même document que les négociants de Bourgogne, qui achetaient les vins de la côte du Rhône, avaient déjà l'habitude de le mêler aux leurs, et qu'ils le débitaient à Paris.

Le mémoire dit encore que la charge de vin de 400 livres se vendait 12 livres. Dans d'autres documents concernant le Forez, nous voyons que l'*ânée* de vin, c'est-à-dire la charge d'un âne, était de 200 livres, soit environ un hectolitre.

Fourel évaluait (vers 1730) la production du vignoble d'Annonay à 60,000 saumées, soit environ 50,000 hectolitres, la saumée, dans le pays, valant 84 litres; elle était divisée en 4 barrelets (ou setiers dans le Bas-Vivarais) de 21 litres chacun.

Le docteur Duret, dans sa réponse à un questionnaire de la préfecture de Privas sur la statistique de l'Ardèche en 1801, après avoir relevé l'ancienne importance du vignoble d'Annonay, dit qu'on vend le vin aux muletiers qui viennent le chercher dans des outres pour le porter dans les arrondissements d'Yssingeaux, du Puy et de Saint-Etienne, quelquefois même au delà, quand les vins d'Auvergne manquent. Il ajoute que ce vignoble était autrefois plus considérable, parce qu'alors les pays à l'ouest étaient forcés de s'approvisionner à Annonay dont l'accès était pour eux le plus facile, mais que de nombreux chemins s'étant ouverts depuis pour la partie méridionale du département, les côtes du Rhône couvertes de bois ont toutes été changées en vignes et que ces concurrences, en excitant la culture de la vigne

peu profitable à Annonay, ont amené beaucoup de propriétaires à arracher leurs vignes.

La décadence du vignoble d'Annonay s'ex-
plique, non-seulement par la raison ci-des-
sus, mais encore par la qualité inférieure de
ses produits. Les vignobles du Bas-Vivarais
et des bords du Rhône étaient, au contraire,
en prospérité croissante. Les personnes, qui
n'avaient pas âge d'homme, vers 1848, ne
peuvent pas s'imaginer ce qu'était la production vinicole de ces contrées avant l'in-
vasion de l'oïdum et du phylloxera. Le petit
fait suivant pourra en donner une idée :

Visitant, l'été dernier, la région des Vans
et de Gravières, nous remarquâmes, dans le
lit même de la rivière de Chassezac, près
des ruines imposantes d'un vieux pont appelé la Pontière, une série de trous carrés
pratiqués dans le sol rocheux, parallèlement
au mur des propriétés particulières. Un de
nos compagnons, qui a un peu la manie de
voir partout des traces des anciens cultes
paiens, considéra longuement ces trous,
examina attentivement les alentours et enfin
hasarda la supposition qu'il devait y avoir
eu, en cet endroit, un ancien temple de
Diane ou de Jupiter.

À ces mots, un vieillard du pays partit d'un long éclat de rire. Je puis, dit-il, vous renseigner à coup sûr, car j'ai vu creuser tous ces trous par le propriétaire d'en face. Il y planta les poteaux d'une treille qui, avant l'oldium, recouvrait entièrement le sentier. C'était, du reste, autrefois le cas de tous nos petits chemins de campagne à Gravières, à Malarce, à Chambonas et dans les communes environnantes. Partout ils étaient couverts de treilles, on y cheminait fort agréablement à l'ombre, et les muletiers ne pouvaient y passer qu'en se courbant sur leurs montures.

— Mais ne volait-on pas les raisins ainsi suspendus sur la voie publique ?

— Il y en avait tant ! D'ailleurs, ces treilles étaient ordinairement formées du cep appelé *chatus*, dont les raisins, à petits grains noirs, n'ont rien de bien appétissant mais font un bon vin et colorent fortement le moût des raisins blancs.

Adieu paniers, vendanges sont faites ! L'oldium et le phylloxera ont détruit en quelques années une des principales richesses du Vivarais, la première après la soie — quand la soie indigène n'avait pas à soutenir la concurrence de la Chine et du Japon. Le

Vivarais était l'œil du Midi sur l'Auvergne et les muletiers en étaient les rayons. Aujourd'hui les compatriotes d'Olivier de Serres boivent de l'eau, ou tout au plus de la piquette américaine, et c'est là autant que les progrès de la locomotion, ce qui a tué les muletiers. Après avoir fait pendant des siècles les délices des palais auvergnats, ces fameux vins de Banne, de Payzac, de Balbiac et d'ailleurs, si rutilants, si corsés, d'un fumet si fin et d'une couleur de feu qu'on aurait dit du soleil mis en bouteille, ne sont plus qu'un souvenir cher aux gourmets au moins sexagénaires. De leur temps, les vins du Languedoc étaient absolument inconnus dans ces hautes régions, et c'est à peine s'ils pénétraient jusqu'à Genolhac. Aujourd'hui ils y règnent en vertu du proverbe : *A défaut de grives on mange des merles*. Mais ils ne feront jamais oublier le nectar qui venait autrefois, dans des outres, sur le dos des mulets aux marches sonnantes.

.·.

Un archéologue cherchait depuis long-temps les traces ignorées d'une ancienne voie romaine dans les Cévennes. Un convoi de muletiers qui passait fut pour lui un trait de lumière. Evidemment, se dit-il, ils suivent le sentier naturel et traditionnel, tracé probablement par les Celtes avant les Grecs et les Romains, le sentier immémorial indiqué par la nature elle-même à l'homme à pied et à la bête de somme, et qui n'a été détrôné que dans ces derniers temps par l'énorme extension de l'usage des voitures. Sur cette base, il se remit à la recherche de la voie et en retrouva des indices certains.

Les dernières routes muletières par lesquelles montait le vin du Bas-Vivarais et descendaient les céréales des hauts plateaux étaient au nombre de cinq.

La plus méridionale partait des Vans et, par le Folcherand, la Rousse, Villefort et le Bleymard, arrivait à Mende.

Une autre partait de Payzac et, par la Croix-de-Fer, aboutissait à Peyre, où elle se

confondait avec une troisième voie venant
de Joyeuse. De Peyre, la voie continuait vers
Saint-Laurent-les-Bains, où l'on a trouvé
la trace .e thermes romains, et vers le col
de la Felgère.

Les deux voies restantes partaient de Largentière et se dirigeaient vers la Chavade et
Langogne : la première par Tauriers, Valgorge, Loubaresse et le Bès et la seconde
par Prunet, la Croix-de-Bauzon et Champ-
longe.

Ces cinq routes ont été supplantées par les
deux grandes routes à roulage de la côte de
Mayres et de la côte de la Rousse, lesquelles ont été, à leur tour, presque annihilées
depuis par les chemins de fer.

Les muletiers n'étaient généralement ni
du Vivarais ni de l'Auvergne, mais de la
zone montagneuse intermédiaire, à cheval
entre les châtaigniers et les sapins, qui s'é-
tend du Mézenc au Tanargue, et du Tanargue au mont Lozère. Les plus renommés
d'entre eux figuraient sur les registres de
naissance de Saint-Cirgues, le Péage Saint-
Etienne-de-Lugdarès, Loubaresse, le Petit-
Paris, Saint-Laurent-les-Bains, le Luc, la
Veyrune, la Bastide, la Garde-Guérin, Altier, Villefort, Cubières et le Bleymard.

Ceux de Villefort, d'Altier et de Cabières suivaient toujours la route de Mende jusqu'à Saint-Flour et Murat, qui était leur dernière étape. Quelques-uns, de Villefort ou de la Bastide, allaient jusqu'au Puy, en suivant l'antique voie romaine *Regordane*.

« Les habitants de Villefort, dit une note de la *Collection du Languedoc*, de 1760, ne subsistent que par le moyen d'un petit commerce qui s'y fait en certains jours de marché et au passage des muletiers qui transportent les marcha.. .ses, vins et autres denrées. »

Les muletiers du Petit-Paris, le berceau de la famille du républicain Arthur Ranc, étaient partout connus sous le nom de *Parisiens*. Ceux du Luc, de la Veyrune, de la Bastide, de la Garde-Guérin, tout autant de localités situées sur le passage de la voie Regourdane, étaient appelés les *Rigourdiers*.

Les muletiers de Saint-Laurent les-Bains desservaient les villages de Saint-Laurent, Saint-Etienne-de-Lugdarès, le Luc, Coucouron, la Narce, la Chavade, mais ils allaient peu dans les villes ; du reste, ils étaient peu nombreux.

On apportait de Saint-Flour et de Murat les fromages appelés *formes du Cantal*, pour les distinguer des *formes* de Langogne et de Villefort.

Du Puy, on descendait du blé, des pois, des haricots, de l'orge. Et souvent des échanges se faisaient avec les vignerons, qui donnaient du vin en retour des grains qui leur manquaient. Les choses, sur certains points, se passent encore à peu près de même entre les charretiers et les propriétaires, mais sur une petite échelle, depuis la destruction des vignes dans le bas pays.

Il passait aussi des muletiers, mais bien moins nombreux dans les autres vallées du Vivarais : à Montpezat, à Burzet et le long de l'Erieux, du Doux et de la Cance. Les premiers suivaient l'ancienne voie du Pal, où paraît avoir passé une partie de l'armée de Jules César, allant surprendre Vercingétorix en Auvergne, et qui traverse l'énorme cratère de la Vestide, dont le fond a quatre ou cinq kilomètres de circonférence.

Les muletiers de Burzet montaient la Côte —*cami ferra*, c'est-à-dire sentier pavé—jusqu'à la Brousse, mais, à partir de cet endroit, il fallait s'orienter dans les prairies ou les champs du plateau souvent couverts de neige, comme les marins sur la mer, en suivant une direction plutôt qu'un chemin,

et l'on allait ainsi, soit vers Sainte-Eulalie
et le Béage, soit vers les Sagnes.

Dans toutes les autres vallées de l'Ardèche, comme da s celles du sud, on était sûr
de trouver sur chaque route muletière, la
trace ou la tradition d'une voie romaine.

.*.

Le mot de muletier éveille aujourd'hui
dans notre esprit l'idée d'un métier servile.
Sur le versant des Cévennes, c'était un titre
qui n'était pas donné au premier venu porteur de vin. Pour y avoir droit, il fallait être
le maître d'une *couble*, c'est-à-dire possé-
der six mulets ou plus, équipés de toutes
pièces. Au-dessous de six mulets, on n'était
qu'un simple *rafardier*.

Le muletier était pour l'ordinaire un
homme du plus beau type et du plus pur
sang montagnard : taille au-dessus de la
moyenne, épaules larges, membrure vigou-
reuse, joues arrondies teint empourpré,
cheveux longs et incultes. démarche sérieuse
et pesante, physionomie tout à la fois bo-

nasse et rusée, verbe haut et voix souvent enrouée, manières un peu rudes et néanmoins, en somme, avenantes.

Le muletier avait la tête en tout temps coiffée d'un bonnet de laine rouge écarlate, bonnet qu'il était d'usage de garder en quelque honorable compagnie que l'on fût, même à l'église. Sur ce bonnet, un lourd et vaste feutre, dont les larges rebords étaient rabattus en forme de parasol, en temps de soleil, de neige ou de pluie, et relevés en bicorne quand il s'agissait d'aller contre le vent. Ce chapeau était parfois agrémenté d'une cordelière rouge avec gland de même couleur.

Les muletiers portaient la queue de cheveux nouée derrière le dos et ne se résignèrent qu'à la dernière extrémité à laisser couper ce vénérable appendice. Sous la Restauration, tous, sans exception, la portaient encore, et bon nombre l'avaient conservée après 1830.

Ils avaient, comme les patrons du Rhône, les oreilles ornées de forts anneaux d'or, avec cette différence qu'une ancre pendait à ces anneaux, chez les patrons, et un fer à mulet chez les muletiers.

La cravate était rouge, et rouge aussi le gilet : on aime les couleurs voyantes dans la montagne. La veste était celle des personnages marquants du haut pays, faite de cadis blanc, aux grands boutons de cuivre, assez ample et taillée à la matelot, présentant enfin une remarquable analogie avec la veste des Bretons.

La culotte, de cadis vert dit de boutique, était courte et collante. Les guêtres, de même étoffe mais de couleur blanche, étaient longues, richement boutonnées et retenues au pli du genou par des jarretières rouges ornées d'une brillante boucle à la gance.

Les souliers étaient à la Marlborough, pesamment ferrés et munis chacun de trois oreillettes en cuir, tenant lieu de sous-pied, pour fixer les guêtres.

Une ceinture en laine, du rouge le plus éclatant, ceignait les reins d'un double ou triple repli. Jamais commissaire de la Convention ou de la Commune de Paris ne fut plus formidablement ceinturé de rouge que le plus modeste des muletiers cévenois.

Dans la poche du gilet, la tasse d'argent, plate, ciselée à la diable avec une manille en forme de croix. Le fond représentait presque toujours un bel écu de six francs, monnaie de France, avec une tête de Bourfon Le nom du muletier était gravé sur la tasse.

Dans le gousset de la culotte, la montre avec la chaîne et ses pendeloques extérieures.

A la boutonnière, suspendu par une cordelière en cuir, le couteau muni d'un poinçon d'argent, propre à percer les outres pour la dégustation du vin.

Enfin, le fouet à manche court, passé en demi-sautoir de l'épaule gauche à l'aisselle droite.

Voilà, dans son ensemble, le portrait du muletier avec son costume traditionnel.

Par-dessus ce costume, les muletiers, en temps de pluie, de neige ou de froid, portaient le manteau des montagnards vulgairement appelé la *cape*, ou bien encore la *limousine*.

La blouse n'a jamais fait partie du costume professionnel du muletier. Quelques-uns, dans les derniers temps, l'avaient adoptée, mais alors le métier était déjà en décadence.

Quant à la position sociale de notre personnage, elle était loin d'être ce que pourrait penser le vulgaire de nos jours dans les pays de plaine. De tout temps, sur les Cévennes, celui-là fut réputé jouir d'une hon-

nête aisance qui possédait foin et pacage
pour nourrir deux ou trois mulets ; mais
combien plus considéré était celui qui pouvait tenir la route poussant devant lui une
couble de vingt ou vingt-cinq mulets alignés !
Assez souvent ce dernier était chantre et
recteur des pénitents à l'église de sa paroisse,
comme il n'était pas rare que les montagnards en fissent un maire et que tout député saluât en lui un électeur influent.

Il y a un abîme entre l'ancien muletier et
le conducteur de charrette ou *roulier* mo-
derne ; celui-ci est un simple domestique,
ordinairement rustre et grossier, tandis que
l'autre était un quelqu'un, de plus ou moins
d'importance, maître de ses bêtes comme le
vigneron de sa terre, et cela se voyait rien
qu'à son air d'assurance et d'autorité, aussi
bien qu'aux égards dont il était universelle-
ment l'objet.

Un indice de la mauvaise nature de
l'homme se trouve dans son ingratitude in-
née à l'égard de ses deux plus utiles servi-
teurs : l'âne et le mulet. Que ferait le mon-

tagnard, sans l'aide de ce dernier, surtout
dans les contrées reculées où les chemins
plats sont une chimère et où il faut tout
transporter à dos de chrétien ou à dos de
bête ? Grâce au mulet, ces contrées sont de-
venues habitables. On y naît, on s'y marie,
on s'y chamaille même, et on y meurt comme
partout. Nous avons personnellement au
dos, ou plutôt aux jambes des mulets, des
obligations inoubliables, puisqu'ils nous ont
permis d'effectuer des excursions qui, sans
eux, eussent paru fantastiques. Aussi, tandis que la vue d'un préfet, voire même d'un
député ou d'un sénateur, nous laisse absolument indifférent, sommes-nous toujours
tenté d'ôter notre chapeau à la rencontre de
ces honnêtes animaux.

Olivier de Serres nous apprend que, de
son temps, « l'Auvergne nourrissoit des
mulets et mules en abondance, en fournis-
soit ses voisins de Languedoc, Dauphiné et
Provence ; esquelles provinces, tant pour la
propriété de la terre, qui n'est pas généralement des plus grasses, que pour la disette
des avoines, les mulets et mules estoient re-
tenus pour leur labourage. »

L'éminent agronome avait fait observer
plus haut que les mulets et mules convien-

nent mieux aux terrains maigres du Midi qu'aux terres grasses, où leurs pieds étroits et pointus s'enfoncent davantage que les pieds larges des chevaux.

Les pieds des mulets convenaient donc parfaitement aux routes pierreuses du Bas-Vivarais et aux sentiers escarpés par lesquels on monte sur les plateaux cévénols ; et c'est là sans doute, outre l'aptitude supérieure à porter de lourds fardeaux et la résistance plus grande à la fatigue, une des raisons qui ont fait préférer les mulets aux chevaux pour les transports longs et pénibles qu'avaient à accomplir les anciens muletiers.

Chaque mulet, dans la couble, avait son nom distinctif et sa place déterminée.

Le chef de la bande était appelé le *viégi*, c'est à-dire le premier dans la voie : c'était le plus fort, le plus fier, le plus intelligent et le plus somptueusement harnaché.

Après lui venait le *roulet*, ainsi nommé de ce qu'il était porteur d'un grelot aussi gros qu'une balle à jouer.

Le bardot (1), jeune mulet qu'on dressait

---

(1) Le bardot est le produit du cheval et de l'ânesse.

et qui était encore à ses premiers voyages, ne devait jamais s'écarter de la place qui lui était assignée au milieu précis de la file. On avait pour lui des ménagements tout paternels. Sa charge était de deux outres de petite dimension, et même le plus souvent on se contentait de lui faire porter le *rambail*, c'est-à-dire les pots-de-vin et étrennes réservés dans la pache (2), l'émine ou le setier, l'entonnoir, autrement dit l'*embut*, et le sac de la *ferrière.*

Le sac de la ferrière était un petit sac en cuir, contenant clous, marteaux, tenailles, fers à ferrer, flamme de vétérinaire, etc.

Les autres mulets de la couble étaient distingués les uns des autres par des qualificatifs tirés de leur couleur ou de leur caractère : le *follet*, le *roubis*, le *caillet*, etc.

L'un d'eux, le plus paisible, portait l'*alte* suspendue à son cou : c'était une bouteille en verre, soigneusement revêtue de paille, qui servait à boire dans les haltes. Quand elle était épuisée, on piquait l'outre.

Le *cheval de la barde* fermait la marche. Son emploi était de porter le maître muletier,

---

(2) Le marché, du latin *pactum*.

lequel, suivant l'occurrence, abandonnait temporairement la direction de la couble à son *varlet*, pour aller faire, en prenant les devants, soit les achats soit les ventes. Parfois, ce cheval n'était qu'un âne, mais fort vigoureux et trotteur, digne de son nouveau titre et de ses importantes fonctions.

.*.

La charge ordinaire d'un mulet était de huit setiers, mesure du Bas-Vivarais, équivalant à douze émines, mesure du Puy, soit 168 litres de vin, c'est-à-dire le double de la *saumée* d'Annonay. Les paysans du Bas-Vivarais ne comptent encore le vin que par setier (21 litres) ou par charge (8 setiers). Donc, en un seul voyage, une couble de vingt-cinq mulets n'enlevait pas moins de quarante hectolitres de vin d'une cave vivaroise.

Le vin était contenu dans des *boutes*, c'est-à-dire de fortes outres en peaux de bœuf ou de vache solidement cousues. Lorsqu'elles revenaient vides en Vivarais, leur cuir desséché avait la raideur d'une planche ; aussi la première opération, à l'arrivée de la couble chez un vigneron, consistait-elle à les porter dans un ruisseau ou un réservoir pour leur rendre la souplesse voulue.

Olivier de Serres, dans son *Théâtre d'Agriculture*, ne parle que de la confection des outres en peaux de chèvre : « L'on escorche, dit-il, les chèvres à la manière des conils, c'est à savoir renversant la peau... »

Ces outres en peau de chèvre, ou plutôt de bouc, sont encore en usage dans le Bas-Vivarais, mais seulement pour transporter le vin à petite distance, à dos d'homme ou au saccol (1) ; encore a-t-on soin alors de les emballer dans un long et large panier d'osier. On les appelles des *ouïres*. Ce genre, d'outres, où l'on peut voir encore la forme de la bête, n'aurait pu résister, sur le dos d'un mulet, à la pression de la *bille* et aux ballottements d'un long transport. L'ouïre vinaire se confectionne toujours de la façon décrite par Olivier de Serres, et telle est chez nos paysans, la destinée ordinaire de tout bouc devenu vieux et hors d'usage : on lui tranche la tête et on l'écorche, renver-

----

(1) Coussin rembourré de paille qui tient à la tête par une sorte de capuchon.

sant la peau, poil en dedans, et faisant passer toute la masse de la chair par l'orifice
du cou.

Chaque fois qu'on s'est servi de ces ouïres, on les enduit à l'extérieur d'une couche
graisseuse, on les gonfle à l'instar des bal-
lons, et on les suspend aux voûtes, où elles
font peur aux enfants, en attendant de rendre de plus graves services.

Chaque propriétaire fabrique les outres
qui lui sont nécessaires avec la dépouille de
ses boucs, tandis que la *boute*, la grande outre en peau de bœuf, était l'objet d'une fabri-
cation spéciale. La plupart venaient du Puy.

La charge de chaque mulet était entièrement recouverte d'une bache de laine gros-
sière, à grands carreaux noirs et gris, appelée la *cuberte*.

Le mulet, une fois chargé le matin, restait
sous le poids de son lourd fardeau, jusqu'au
lieu de la couchée.

Pour équiper de toutes pièces un mulet, il
n'y allait pas moins de cent écus à vingt-
cinq louis (300 francs à 500 francs).

Le bât (la *barde*) était d'un volume énorme et d'un poids écrasant, et il fallait toute la
force de nos muletiers pour soulever et his-
ser une telle masse sur le dos de la bête.

La *croupière*, formée d'un demi-cercle de bois de frêne ou de micocoulier, était parfois sculptée et toujours abondamment ornée de brillantes têtes de clous, comme aussi agrémentée, à droite et à gauche de la queue, d'une demi-douzaine de pompons pendants, de la plus belle forme et du rouge le plus vif.

Le dessous du ventre était entièrement recouvert par la sous-ventrière, sorte de nappe frangée et chargée d'une infinité d'ornements multicolores.

Une autre pièce, quadrangulaire et décorée de même, drapait le devant du poitrail de l'animal et descendait flottante jusqu'aux genoux : c'était la *fandalière*, du mot patois *fandâou* qui signifie tablier.

Au-dessus de la fandalière, quatre ou cinq courroies, chargées de clochettes de diverses grandeurs, partaient des angles du bât, contournaient le poitrail, et formaient avec le triple collier garni de grelots, ce qu'on appelait le *trintrin.*

En sus du trintrin, au cou du *Viégi*, était suspendue la *cayrade.*

La cayrade était une énorme clochette, faite de feuilles de cuivre battu, à l'instar des *sonnailles* et *bitourles* des *ovelias* (troupeaux transhumants) de la Provence. Elle était bataillée d'un gros os perforé, au bout duquel pendait, en dehors de l'orifice métallique, un beau gland de laine rouge.

Le son grave et cuivré de la cayrade, mêlé aux sons aigus et variés à l'infini des sonnettes et grelots du trintrin, produisait le plus bruyant des carillons et le plus gai des charivaris, à tel point que, dans la contrée, les oreilles en tintaient une lieue à la ronde. Par exemple, à la couchée, le muletier ou son valet avait grand besoin de surveiller les petits galopins de l'endroit, toujours prêts à se glisser dans l'écurie, pour dérober quelque sonnette ou grelot.

Les coubles de vingt à vingt-cinq mulets, c'est-à-dire les grandes coubles, avaient le privilège usagier de traverser villes et bourgs, trintrin sonnant et cayrade battante. En vertu d'une autre vieille coutume, un setier de vin revenait au muletier, par dessus le marché, comme prix d'honneur de la cayrade, sans qu'il fût besoin de le stipuler dans la pache.

Le *bridel*, qui enserrait la tête du mulet dans une sorte de treillage, composé d'un assemblage de courroies, et entièrement recouvert de clous dorés et de rosettes de laine aux couleurs variées, était le *nec plus ultrà* de l'art du bourrelier.

Du mors partaient deux solides courroies, dont l'une, appelée la rêne, allait s'adapter à l'*uffical* du bât, relevait la tête de l'animal et la forçait à se tenir haute; l'autre maintenait le mulet dans la ligne, en l'attachant à la croupière du mulet précédent.

Trois plaques de cuivre, de forme arrondie et d'environ quinze centimètres de diamètre, ornaient la partie supérieure de la tête. L'une plaquait sur le front, et les deux autres, à droite et à gauche, plaquaient sur les tempes, le tout accosté de pompons de laine rouge flottant dans les intervalles. Ces plaques, appelées *lunettes* par le vulgaire, et *phalères* par les antiquaires (1), produisaient

---

(1) Les *phalères* sont des plaques d'or, d'argent ou de bronze, gravées ou ciselées, que les personnes de distinction portaient sur la poitrine, attachées à de larges buffleteries, qui faisaient le tour du corps. Parmi les soldats, c'était une décoration militaire que décernaient les chefs; mais, quelquefois, elles servaient à des harnais de luxe pour les chevaux. On les plaçait alors au cou, à la muserole, au poitrail, et elles tombaient en pendant, s'agitant et brillant à chaque mouvement de l'animal. (*Congrès archéologique de France, 1875. — Dictionnaire des antiquités grecques et romaines*, par Antoine Richard.)

le plus grand effet, surtout lorsque la couble défilait sous les rayons d'un soleil ar-
dent : c'était alors un véritable défilé de ful-
gurations et d'éclairs.

Sur ces plaques étaient gravées à la
pointe les devises et les figures les plus bi-
zarres. On y voyait des têtes d'animaux, le
soleil, la lune et même des représentations
religieuses, telles qu'un saint Privat, patron
du Gévaudan, un saint Vincent, patron du
Vivarais et des vignerons, une Notre-Dame
du Puy, patronne du Velay.

Une grande poche, à mailles de corde,
décorée d'un grand soleil ou d'une grande
lune, broderie en applicage et aux vives
couleurs, était appendue au bout du bridel :
c'était le *moural*, c'est-à-dire la crèche ambulante et le râtelier portatif du mulet.

Mais le p'us bel ornement du mulet, au
moins le plus apparent, était le long et
splendide plumet en laine rouge, haut d'un
pied, qui se dressait entre les deux oreilles
de l'animal et en complétait la décoration
théâtrale.

Pourquoi mettait-on des clochettes aux
chevaux et aux mulets ? Etait-ce simplement
pour l'ornement et la musique ? On nous a
affirmé que les chevaux et les mulets pou-

vaient dormir, ou tout au moins sommeiller en marchant, et que les clochettes et grelots avaient, entre autres buts, celui de les tenir éveillés. Ce bruit avait aussi, dit-on, pour effet d'écarter les mouches, et enfin il était destiné sans doute à prévenir de loin les aubergistes et les vignerons de l'approche des muletiers.

.*.

Les anciens registres de notaires du Bas-Vivarais contiennent peu de contrats entre muletiers et vignerons, parce que ces braves gens se contentaient presque toujours de solenniser la pache, par une bonne tapée de main. Néanmoins, on peut se faire une idée de l'importance de l'industrie muletière dont cette région fut autrefois le théâtre, par le grand nombre de témoins, ou de contractants à divers titres, qui figurent dans les actes et y sont désignés comme appartenant au Gévaudan, au Velay ou à l'Auvergne, ce qui ne peut s'expliquer que par le va-et-vient continuel des muletiers de ces pays en Vivarais.

Les muletiers, on le sait, descendaient de la montagne, chargés de blé, de fèves, lentilles, pois et autres denrées qu'ils donnaient en échange pour du vin ou dont ils approvisionnaient les marchés vivarois.

Toutes ces transactions se faisaient par l'intermédiaire obligé du courtier.

Le droit de courtage appartenait aux seigneurs ou aux communautés. Dans ce dernier cas, il était ordinairement mis chaque année aux enchères. A Gravières, petite paroisse près des Vans, il a produit :

En 1594, 20 escus sol faisant 60 fr. du roy ;
En 1624, 300 livres ;
En 1651, 124 livres ;
En 1653, 200 livres ;
En 1665, 60 livres ;
En 1700, 120 livres.

Le chiffre variait naturellement selon l'importance des récoltes. Celui qui avait pris à ferme le *couretage* pouvait se donner un ou deux associés, à condition de les faire agréer par les consuls. On voit aussi quelquefois les courtiers de diverses paroisses s'associer entre eux, ce qui est le cas des courtiers de Gravières, Naves et les Salelles en 1608.

D'après les règlements, le courtier ou l'un de ses associés devait se transporter au devant des muletiers de descente, à un point de halte déterminé, tel que Peyre, la Croix-de-Fer, la Rousse. Il conduisait le muletier chez le propriétaire, aidait à débattre le prix et mesurait le vin.

Il paraît qu'il y avait un art particulier de mesurer le vin, et, sans faire déborder le liquide, de donner à la mesure, par un habile coup de main, une contenance un peu supérieure à ce qu'elle eût été au repos. D'où l'on pourrait conclure que le muletier était plus fin que le vigneron, s'il n'était pas encore plus naturel de supposer que les deux faisaient la paire et que le vendeur était le premier à rire sous cape de ce petit tour de physique, dont il avait d'avance tenu compte dans le prix de son vin.

La communauté assurait au courtier le droit de mesurage des vins, blés et autres marchandises, même des sabots, est-il stipulé dans une délibération de Gravières. Les habitants ne pouvaient faire mesurer leur vin par d'autres, sans en avoir d'abord requis le courtier. Celui-ci était tenu, sur la réquisition du vigneron, de lui amener un muletier dans la quinzaine, sauf le cas de force majeure. Les quinze jours écoulés sans résultat, le vigneron pouvait se pourvoir ailleurs en payant au courtier 1 sol et 3 deniers par charge. Le courtier devait tenir « bonnes et loyales mesures marchandes et bien esgales, et ne faire le muid de vin que de 22 sestiers, sans donner ni recevoir aucunes *tornes*, sauf seulement les *cosses* accoustumées. »

La cosse ou *couosse* est une courge à long col dont on a coupé un tiers ou même la moitié sur un côté, de façon à confectionner une sorte de bassine, qui avait partout dans le Bas-Vivarais la même contenance — celle d'un pot de vin — (un litre environ). La courge était alors en grand honneur dans le pays, comme donnant un récipient plus sain et moins coûteux que le cuivre ou tout autre métal; aussi était-elle cultivée dans tous les jardins. Quand la courge servait de bouteille, on l'appelait la *coucourde*.

Dans l'inventaire du couvent des Antonins d'Aubenas, en 1456, on trouve mentionné un entonnoir spécial *pro cogordis*. On trouve encore des *couosses* dans beaucoup de caves, et surtout aux fontaines publiques des villages, pour puiser l'eau, moins qu'autrefois, cependant, à cause de la concurrence des ferblantiers.

Les « cosses accoustuméss » étaient les
pots de-vin traditionnels Ainsi le vigneron
devait, à ce titre, par-dessus le marché, un
setier (21 litres) pour les honneurs de la
cayrade, plus deux *cosses* par charge pour
l'abreuvage des outres, enfin une *cosse* pour
chaque halte de la couble, depuis la cave
jusqu'à destination.

Le courtier était juge et arbitre, avec
pleins pouvoirs, entre le vigneron et le muletier, pour tout ce qui était relatif aux
clauses et conditions du marché. Mais il ne
se bornait pas à faciliter les affaires entre
le muletier et le vigneron. Comme il mesurait aussi le blé et autres objets apportés de
la montagne, il devait en faciliter le place-
ment au muletier. Il est à remarquer, toutefois, qu'il n'était permis au courtier de
recevoir ou vendre ces objets que lorsqu'ils
avaient été offerts aux habitants, afin d'as-
surer la préférence à ceux qui avaient du
vin à donner en échange. Ce cas ne se présentant pas, le courtier pouvait acheter ou
faire vendre à qui bon lui semblait. Naturellement, dans l'intervalle d'un voyage à
l'autre, il s'était informé des besoins de
chacun et savait d'avance où il fallait frap-

per. Il en était de même en montagne pour la vente du vin aux montagnards.

Le courtier était un homme de confiance ; il faisait non-seulement le mesurage, mais parfois les recouvrements, c'est-à-dire que lorsque le prix n'était pas payé comptant, le courtier était chargé de le retirer à l'époque fixée et le remettait au vendeur au prochain voyage.

Cette profession, du moins dans le Bas-Vivarais, était assez lucrative, et nous avons retrouvé, d'ailleurs sans étonnement, dans les noms des anciens courtiers, ceux de bon nombre de grosses familles modernes de la région.

L'arrivée du muletier était une fête dans le village et surtout dans la maison où il venait charger.

Le son de la cayrade donnait le signal d'un branle-bas général à la cave et à la cuisine.

Les hommes se hâtaient de remiser les mulets et de décharger les outres. On nettoyait le *rajadou*, ce bassin large et bas où coule le liquide sortant de la cave ou du tonneau et qui reçoit tout au moins l'excédant de la mesure employée pour mesurer le vin. On se sert pour cela de la couosse. Les outres se remplissent à vue d'œil.

Dans l'intervalle, les femmes ne sont pas moins occupées à la cuisine. Les voisins sont venus prêter assistance. Comme il y a là bas du travail pour tous, il faut préparer là haut festin et bombance pour tous.

Les festins de vignerons et de muletiers étaient, d'ailleurs, d'une simplicité qui ferait sourire les gourmets d'aujourd'hui. Le salé du pays, les poulets et les omelettes en constituaient les éléments essentiels, avec les fruits de conserve, les marrons grillés et le petit vin blanc au dessert.

Voici une chanson favorite des muletiers qu'ils détaillaient en tapant vigoureusement sur la table avec les gobelets :

> Sian, sian de la mountagno,
> Mio
> Sian, sian de la mountagno !
> Un païs de coucagno,
> Mio,
> Un païs de coucagno.

Amoun lou bls nouvel
Es pu gros qu'un oulagno,
         Mio,
Es pu gros qu'un oulagno.

Cadun a soun castel
Qu'es pas castel d'Espagno,
         Mio,
Qu'es pas castel d'Espagno.

Li buven de bon vi
Qué ven de la Limagno,
         Mio,
Qué ven de la Limagno.

Louï lebraou tout rousti
Li couroun la campagno,
         Mio,
Li couroun la campagno.

Per laoura, per fringa,
Jamaï n'aven la cagno,
         Mio,
Jamaï n'aven la cagno.

San vous fa tan prega,
Venes doun en mountagno,
         Mio,
Venes doun en mountagno.

Ce qui veut dire :

Nous sommes de la montagne,
          Mie,
Un pays de cocagne...
Chacun y a son château
Qui n'est pas château d'Espagne...
On y boit du bon vin
Qui vient de la Limagne...
Les levrauts tout rôtis
Y courent la campagne...
Pour travailler, pour flirter,
Jamais nous n'avons la cagne...
Sans vous faire tant prier,
Venez donc en montagne. (1)

Après le dîner et la chanson, on dansait la *bourrée*. Les gens du Nord se feraient difficilement une idée de l'entrain et des joyeuses gambades de tous ces braves gens sautant et chantant à la fois :

---

(1) Firmin Boissin. — *Jan de la Lune.*

En mountagno
Quand on ès coutén,
L'an n'en viro uno
Per passa lou tén.
L'an faï péta l'esclo,
Alerto ! Alerte !
L'an faï péta l'esclo }
Per tout dé bouo ! } *bis*

Maridén la bello,
Maridén la léou;
Qu'auro qu'aco sié
Sara pas trop léou.
Fairén péta l'esclo.
Alerto ! Alerto !
Fairén péta l'esclo }
Per tout dé bouo. } *bis*

T'on marida, pichotto,
T'on marida,
Qu'os lou cop dé rire
Et dé bien salta.
Faisén péta l'esclo.
Alerto ! Alerto !
Faisén péta l'esclo }
Per tout dé bouo. } *bis*

(C'est-à-dire : En montagne — Quand on
est content — On en danse une — Pour passer temps. — On tape du sabot — Alerte !

Alerte ! — On tape du sabot — Pour tout de bon.

Marions la belle — Marions-la-vite — Quand que cela soit — sera pas trop tôt — Nous taperons du sabot, etc.

On t'a mariée, petite — On t'a mariée — C'est le coup de rire — Et de bien sauter — Tapor s du sabot, etc.

Il y a plus de cinquante ans que nous n'avons vu chanter et danser cette bourrée ; c'était une des plus gaies et des plus bruyantes de la montagne.

On réglait ensuite toutes les questions d'étrennes ou de petits cadeaux. Nous avons mentionné les *cosses* que l'usage imposait aux vignerons. Du côté du muletier, c'était un mouchoir ou un *fandal* (tablier) pour la bourgeoise et quelques pièces de monnaie pour les enfants.

Les femmes et les filles du Bas-Vivarais manquaient rarement de faire ajouter par-dessus la pache, à double titre d'épingles, quelques *carterons* d'épingles à tête rouge, Vingt-quatre épingles ordinaires, un peu plus longues toutefois, dont on grossissait les têtes en les trempant dans la cire rouge

fondue, et qu'on piquait ensuite sur un carton, formaient un carteron : c'était une spé-
cialité de l'industrie du Puy. Femmes et
filles de nos campagnes se faisaient un plai-
sir d'ajuster, avec quatre ou cinq de ces
épingles, l'ancien et fort décent mouchoir
vivarois qui leur descendait en pointe trian-
gulaire par devant et par derrière jusqu'à !a
hauteur de la taille. La coquetterie campa-
gnarde a fait, depuis, de notables progrès,
mais les muletiers n'en sont pas respon-
sables.

Les muletiers étaient aussi, — qui le croi-
rait ? — de grands distributeurs de menus
objets de piété, auxquels leur provenance de
Notre-Dame du Puy faisait attacher un
grand prix. On trouve encore, dans beaucoup de vieilles maisons de paysans du Bas-
Vivarais, des statuettes de la Vierge Noire du
Mont-Anis, renfermées sous verre dans de
petites niches en carton, dont l'origine re-
monte évidemment aux muletiers.

Dans quelques endroits, il était d'usage
que le muletier payât son écot et celui de ses
hommes au prix, fort modeste et invaria-
ble, de quatre sols par tête.

.*.

Tout réglé, le festin fini, les bêtes bien soignées et bien nourries en vue de la journée du lendemain, le muletier et ses hommes allaient dormir, tout habillés, sur le foin ou sur la paille. A l'aube, on plaçait les bâts sur les mulets avec les outres, solidement assujetties. Le vigneron allait alors couper une belle branche de laurier qu'on arborait en triomphe sur la tête du *Viegi*, ce qui était une façon de no'ifier au publi; qu'on faisait ses affaires. Après de bonnes poignées de main, la cayrade et le trintrin sonnant marquaient le départ et le convoi reprenait le chemin de la montagne.

La contribution de la branche de laurier était de rigueur ; c'est pour cela qu'on trouve encore, dans toutes les propriétés du Bas-Vivarais, quelques plants de laurier, cet arbuste étant fort apprécié, d'ailleurs, des cuisinières de la campagne.

Quand le voyage du muletier tombait dans les derniers jours de carême, ou plutôt à l'approche du dimanche des Rameaux, qu'on appelle encore dans le pays le dimanche des *Rampands* (1), ce n'était pas seulement le mulet, chef de la couble, qui devait arriver en montagne portant le laurier. Cette fois le laurier devait être arboré sur le bât de chaque animal. Or, c'était un curieux spectacle que celui de ces longues files de mulets ainsi décorés de rameaux verts ; on eût dit des forêts ambulantes dont les arbres mobiles s'alignaient, voyageant par monts et par vaux, les uns à la suite des autres. C'était là ce qu'on appelait, du côté des *Royols*, c'est-à-dire dans le Bas-Vivarais, le *départ des rampands pour la montagne*, et du côté des *Padgels*, c'est-à-dire des montagnards des hauts plateaux, *l'arrivée des rampands du Vivarais*. Et les gens d'en haut comme ceux d'en bas de se porter en foule sur le passage et de les acclamer de cris enthousiastes : Les *rampands !* les *rampands !* Explosion de joie bien naturelle, si l'on songe qu'elle se mêlait à l'idée de la fin du carême, qu'on observait alors dans toute sa rigueur. Les enfants pensaient aux

------

(1) Nous écrivons *Rampands* et non *Rampans*, en supposant que ce mot patois vient du latin *ramos pandere*, déployer des rameaux en guise d'étendards.

gâteaux que les parents allaient attacher aux rameaux et qui, après la procession du dimanche, seraient livrés à leur gourmandise. Puis venaient les cérémonies de la semaine sainte. Beaucoup de gens étaient convaincus que les cloches partaient le jeudi saint pour Rome et en rapportaient l'*alleluia*.

Les rampands ainsi rapportés triomphalement du Vivarais étaient mis en vente sur les places et marchés du Gévaudan, du Velay et de l'Auvergne. On se les disputait, on les chargeait de rubans, le curé les bénissait et chacun les conservait précieusement pour les brûler, en priant Dieu et la Vierge en faveur des malheureux surpris par la tourmente et égarés dans la neige. Tandis que, dans les régions maritimes, la femme du marin, les jours de tempête, brûle des cierges pour les absents, c'est le laurier bénit qu'on brûle là haut pour les voyageurs montagnards, lors des ouragans de neige. L'objet diffère, mais le sentiment est le même.

.*.

Le retour ne s'effectuait pas toujours sans difficultés, au moins pendant la mauvaise saison. Il est vrai que l'instinct de l'animal venait ici, pour les vaincre, en aide à l'intelligence de l'homme. Faujas de Saint-Fond, racontant son voyage à Pradelles, constate l'habileté des mulets à ne pas s'écarter de la route, quoique couverte de neige à un ou deux pieds d'épaisseur, et à la rattraper lorsque le tourbillon les a dévoyés.

Pour mettre à profit leur sagacité, ajoute-t-il, le muletier a soin de faire marcher à la tête de ses bêtes de charge un mulet expérimenté qui ait passé et repassé fréquemment sur ces montagnes. L'animal conducteur, amplement garni de sonnettes, entre fièrement dans les neiges, y fait la première trace, porte constamment la tête au vent, à moins qu'il ne la baisse pour flairer les endroits dangereux, s'arrête, se détourne, revient sur ses pas selon le besoin. Tout suit avec docilité et l'on parvient au gîte.

Faujas aurait bien plus admiré l'excellent animal s'il l'avait vu, comme nous, faire la *chalade*, c'est-à-dire manœuvrer en troupe pour ouvrir une voie dans la neige. Dans ce cas, les mulets, instruits par leurs conducteurs, s'y prennent à la manière des troupes de canards sauvages fendant les airs et allant contre le vent : le mulet en tête de la couble, piétine quelques instants la neige, puis passe à la queue ; le second, qui le remplace, fait de même, et ainsi de suite.

Quelquefois, par suite de l'abondance des neiges, la montagne, comme on disait vulgairement, *se fermait*. Alors, certains muletiers, venant d'en bas, rebroussaient chemin et allaient provisoirement utiliser leur couble au transport des vins du Midi dans d'autres directions. D'autres, plus intrépides ou voulant à tout prix rentrer chez eux, se portaient en nombre sur Mayres ou sur tel autre point, tenaient conseil, formaient, pour ouvrir la chalade, un immense convoi de toutes leurs coubles réunies, se lançaient à l'assaut de la montagne, et, comme au temps de Jules César, le terrible passage des Cévennes finissait par s'ouvrir. Qui sait si ce n'est pas une chalade de ce genre, effectuée avec les mulets gallo-romains de ce temps, qui permit au conquérant d'aller surprendre Vercingétorix en Auvergne ?

***

Les muletiers avaient, comme les marins, le sentiment religieux très-prononcé, parce que le danger, l'espace, la solitude, le spectacle des grands phénomènes de la nature, leur rappelaient mieux et plus souvent l'existence d'une puissance supérieure. S'ils fêtaient volontiers Bacchus, toujours prête, d'ailleurs, à offrir généreusement une *tassiado* à tout passant, ils n'en étaient pas moins d'une dévotion filiale à Notre-Dame du Puy. Leurs *ex-voto* abondaient à l'antique sanctuaire du mont Anis. En 1842, une tradition populaire montrait encore, sous le grand arceau de l'escalier de la cathédrale du Puy, quatre fers à cheval que l'on disait être le don d'un muletier. On racontait que celui-ci, égaré près de Costaros, s'était engagé avec ses bêtes sur les glaces du lac du Bouchet et n'avait dû son salut qu'à l'intercession de Notre-Dame du Puy, à qui il avait fait vœu de donner le plus beau de ses mulets orné d'un beau panache rouge avec un collier de grelots dorés.

On ne peut pas se figurer, dans notre siècle sceptique, l'immense prestige qu'exerçait au Moyen-Age Notre-Dame du Puy, et l'affluence des pèlerins qui accouraient à son sanctuaire. D'après la légende, un chef sarrasin, qui était précisément le seigneur de la région où se trouve Lourdes, fut vainement assiégé dans son château par Charlemagne, et ayant juré de ne se rendre à aucun homme, ne consentit à faire sa soumission qu'à la Vierge-Noire du Mont-Anis. On ajoute qu'il vint, l'année d'après, avec l'élite de ses guerriers, portant au bout de leurs lances de petits faix d'herbes, cueillies dans les prairies du nouveau fief de Notre-Dame.

Cette marque de vasselage aurait été transformée en 1118 par un comte de Bigorre, qui s'engagea à payer à la place soixante-cinq sols de Béarn. Il est certain que cette redevance de soixante-cinq sols existait en 1307, puisque Jean de Cumènes, évêque du Puy, la céda alors avec son droit de suzeraineté sur le comté de Bigorre, à Philippe-le-Bel, moyennant une rente de 300 livres à prendre sur le péage de Breuil, au diocèse de Clermont.

Mais, sans recourir à la légende plus ou moins justifiée par les faits, l'énorme concours des pèlerins au Puy pendant plusieurs siècles, proclame assez haut la place considérable que Notre-Dame-du-Puy a tenue dans l'histoire de notre pays. Les foules y ont été si considérables qu'on y a vu jusqu'à trois mille confesseurs impuissants à satisfaire la quantité de pénitents qui, malgré les soldats placés de chaque côté des confessionnaux, s'étouffaient pour avoir le pas. On venait au Puy de tous les pays de l'Europe et l'histoire rapporte malheureusement plusieurs catastrophes de pèlerins écrasés par centaines aux abords du saanctuaire. Charlemagne, Louis-le-Débonnaire, Charles-le-Chauve, le roi Eudes, le roi Robert, saint Louis, Philippe III, Philippe-le-Bel, Charles VI, Charles VII, Charles VIII et François Ier, sont venus successivement vénérer et prier la Vierge-Noire. Notons que sous Charles VII, quand la moitié de la France gémissait sous le joug de l'Angleterre, la dévotion à Notre-Dame-du-Puy prit le caractère d'une sorte de ligue pour la défense nationale. Il résulte du témoignage du franciscain Jean Paqueret, le confesseur de Jeanne d'Arc, que l'héroïque jeune fille, n'avant pas pu y aller elle-même, y avait envoyé sa mère.

Comment les muletiers, tous plus ou moins voisins du Puy et y ayant souvent à faire, n'auraient-ils pas subi l'influence d'un culte auquel les rattachaient, d'ailleurs, toutes leurs traditions locales et familiales ? Il est certain que des quêtes pour l'hôpital de Notre-Dame-du-Puy se faisaient jadis annuellement dans le Vivarais. Selon l'usage du temps, elles étaient parfois données à ferme. — Nous en trouvons un exemple dans le registre du notaire Etienne Monestier, d'Aubenas, pour l'année 1368. Le 15 septembre de cette année, Jean Locussol, dit Balmer, du Puy, comme fondé de pouvoir de l'hôpital de Notre-Dame-du-Puy, donne à cens à Pierre Baudoin, d'Aubenas, « le voyage qu'il est d'usage de faire dans toute la Cévenne, » pour deux ans, au prix de 14 florins d'or. Le même jour, Pierre Baudoin engage pour sept semaines, à l'effet d'en être aidé dans ces quêtes, un nommé Laseutier, en lui assurant un salaire de 3 florins. Le même jour encore, Locussol donne à cens à un nommé Aymeric, de Lodève, le voyage de quête à

Valgorge, Rocles, Joannas, Joyeuse et les montagnes voisines, au prix de 17 florins.

Le Puy n'était pas seulement un centre religieux. Toutes les industries du bois, du fer et de la peau, spéciales aux pays de montagne, y avaient leur foyer ou leur entrepôt. On y fabriquait notamment la plus grande partie des outres destinées au transport du vin, et l'on venait de bien loin, d'Espagne même, dit on, pour s'y approvisionner. Ces outres duraient longtemps. Elles auraient duré encore davantage si elles avaient été piquées moins souvent. Quand elles étaient hors d'usage, les muletiers en tiraient encore un certain parti en les vendant aux savetiers ambulants d'Auvergne, appelés *grouliers*, qui allaient de village en village, raccomodant sur place les chaussures vivaroises, — ces anciennes chaussures qui ne brillaient certainement pas par l'élégance, mais qui, du moins, ne contenaient pas des semelles de carton.

***

La disparition des muletiers a privé le Vivarais d'un élément de vie, en même temps qu'il enlevait à son paysage un de ses cachets les plus originaux. Leur souvenir rappelle aux vieillards d-s temps qui avaient bien leurs misères, — est-ce que la vie se comprend sans cela? — mais qui, sous bien des rapports, surtout par leur calme et patriarcale physionomie, contrastaient avantageusement avec le nôtre. Bien que la richesse fût beaucoup moins développée qu'aujourd'hui, chacun était certainement moins mécontent de son sort. Les grosses ambitions, — relativement s'entend, — étaient rares. La fonctionnomanie était une contagion restreinte à un petit nombre de gens. Les métiers et professions libérales étaient, en quelque sorte, héréditaires. On était vigneron, comme on était muletier, de père en fils.

Le muletier cévenol, pour donner à son petit garçon le goût et les habitudes du métier, s'y prenait de bonne heure. D'abord,

c'était à cheval sur les génoux paternels que
le petit homme, pendant les longues veillées
d'hiver, commençait à aller au trot, puis au
galop, et à crier à ses futurs mulets : I, O, IA
Plus tard, c'était le bras vigoureux du père,
qui hissait, au milieu de la charge d'un des
mulets de la couble, l'enfant venu à sa rencontre. Et puis enfin, quand il avait été dit
et répété cent fois par le brave homme au
petiot, que, s'il était sage, on le mènerait au
pays des raisins, des figues et du bon vin
voilà qu'un beau jour cette promesse se réa-
lisait et qu'entre deux outres, sur le dos
d'un mulet, le jeune muletier partait avec
la couble pour la terre promise du Vivarais,
où depuis lors le *padgelou*, vêtu en muletier
est resté et sera longtemps légendaire.

Sa mère l'avait vêtu du costume de cir-
constance : casaquette blanche, culotte courte, gilet rouge, ceinture bleue, jarretières à
gances, guêtres aux boutons multiples, le
chapeau plat relevé en bicorne, la queue en-
rubannée et le fouet. Le petit homme ainsi
habillé et juché sur le Viegi ou le Roulet, se
croyait le roi du pays, et c'était une grosse
émotion pour les enfants du Vivarais quand
ils apprenaient qu'il y avait un petit muletier
dans la couble. Le costume bariolé, mais

surtout le fouet du pagdelou, passé en sautoir autour de sa poitrine comme une suprême décoration, faisaient la joie et l'envie de tous les petits royols. On s'amusait bien quelquefois à tirer par derrière sa queue de cheveux, mais le padgelou savait ordinairement se défendre et, d'ailleurs, les parents étaient là pour mettre la paix.

***

En route, chaque mulet était porteur de la ration de foin nécessaire à sa nourriture d'une halte à l'autre. Cette ration, qu'on faisait passer peu à peu dans le moural, consistait en une botte de foin appelée une *peyre*. Ce nom lui venait de ce que les embotteurs, pour faire les bottes également du poids voulu, employaient pour les peser le système aussi primitif qu'ingénieux d'une longue perche faisant bascule, avec une grosse pierre attachée à un bout, tandis qu'on accrochait la botte de foin à l'autre bout.

Ne serait-ce pas cette *peyre* de foin qui aurait donné son nom à Peyre (du Petit-

Paris) et à Peyre-Abéille (du côté de la Chavade), deux des haltes principales où s'arrêtaient et s'approvisionnaient les muletiers ? Cette explication était trop simple pour arrêter les archéologues et les érudits toujours plus forts sur l'antiquité grecque et latine que sur les traditions et usages locaux, et il était, par suite, assez naturel qu'on fît venir les noms de ces deux endroits de quelque pierre milliaire ; mais, il faut l'avouer, l'étymologie tirée de la peyre du foin est au moins aussi vraisemblable cette fois que celle de la pierre milliaire, restée, d'ailleurs, jusqu'ici purement hypothétique.

Le **Peyre** du Petit-Paris, où se rencontraient les deux voies muletières des Vans et de Joyeuse, et où s'arrêtent encore pour dîner les baigneurs qui vont à Saint-Laurent-les-Bains ou qui en reviennent, était une station muletière du premier ordre. Là se rencontraient chaque matin muletiers montants, muletiers descendants et courtiers de la contrée entière. Au dire des vieillards, on vit parfois jusqu'à trois cents mulets *quillés,* c'est-à-dire plantés comme des quilles devant l'hôtellerie solitaire de ce plateau désert. Qui pourrait évaluer le nombre des *tassiados* (tasses pleines) que le poinçon faisait là couler des flancs des boutes, en pareille occurrence !

Encore une observation à l'adresse des savants. Il existe, sur la route de Payzac à la Croix-de-Fer, une maison isolée, appelée le mas de *Quillard*, dont ils feront bien de demander l'étymologie à la langue des muletiers plutôt qu'à celle de Tacite. Les muletiers avaient des stations où ils *quillaient* leurs mulets, c'est-à-dire les laissaient au repos, tandis qu'ils allaient traiter avec les vignerons dans les mas voisins. Le Quillard était une de ces stations et de là son nom. *Quiller* était l'expression imagée de l'idiôme local pour désigner l'arrêt des mulets et leur stationnement sur place.

Nous serions fort tenté de croire que l'ancien nom de la région moyenne du Vivarais, *Boutière*, se rattache aussi à l'industrie muletière. Ducange dit que *Botaria* signifie route, chaussée, et le chanoine Rouchier pense que la vieille voie romaine de Tournon à Saint-Agrève a donné son nom à la contrée. Mais, si l'on songe au transport considérable de vin en *boute* qui se faisait par cette voie entre les bords du Rhône et la montagne, on peut fort bien supposer que *botaria* signifiait jadis le *chemin des outres.*

Deux types de muletiers sont restés vivants dans nos souvenirs d'enfance.

L'un, connu surtout aux Vans, suivait la route de Villefort, et fournissait le clergé et toutes les bonnes maisons de la Lozère d'un vin de Banne et des environs qui, au témoignage des anciens, n'avait pas son pareil au monde. C'était le *vin du Vivarais*, seul régnant dans les auberges comme dans les châteaux et presbytères de l'ancien Gévaudan. Ce muletier s'appelait Gilles, et l'on disait que la profession était héréditaire dans sa famille depuis des siècles. Gilles était rond comme une boule, mais avec cela alerte et vigoureux, l'œil vif et les lèvres toujours prêtes à s'ouvrir, soit pour boire, soit pour lancer une plaisanterie capable de dérider même ses plus austères clients.

Son costume était des plus élégants, et pompons rouges et glands d'or se balançaient partout sur sa personne depuis son chapeau jusqu'aux jarretières qui fermaient ses culottes courtes. Sans le fouet et la tasse, qui caractérisaient évidemment sa profession, on l'eût tout aussi bien pris pour un saltimbanque. D'autant, qu'il était constamment d'un entrain d'enfer, mettant en révolution tous les endroits où il s'arrêtait. Tout cela, sans négliger le moins du monde ses affaires et sans que la direction de ses mulets souffrît en rien de ses débordements de gaîté.

Gilles était surtout fier de certain vin blanc réservé à ses principaux clients, et notamment aux ermites de Saint-Privat de Mende et de Saint-Loup de Villefort. Qu'on ne se hâte pas de se scandaliser : les bons ermites faisaient boire leur vin bien plus qu'ils ne le buvaient eux-mêmes. Comme ils vivaient en quêtant du blé et autres denrées pendant l'année, l'usage était de leur part, — et est encore, croyons-nous, — de rendre la politesse en vin, lors des fêtes de Saint-Privat et de Saint-Loup. D'immenses pèlerinages ont lieu, à cette occasion, dans les deux chapelles ; les ermites alors hébergent les pèlerins gratis et leur font, — ou plutôt leur faisaient boire le fameux vin blanc, qui avait retenu de là le nom de *vin blanc de l'ermitage.*

On raconte que M. de Chambrun, le légendaire candidat et député de la Lozère, étant allé en pèlerinage à Saint - Privat, trouva si bon ce vin blanc qu'il en fit venir à Paris. Mais là, il ne lui trouva plus le même goût et s'en plaignit à Gilles qui répondit : Ce n'est pas étonnant ; il fallait le faire venir dans des outres par la route de Mende.

On était, en effet, bien convaincu dans la Lozère que le vin de Vivarais, envoyé en tonneau, était médiocre et n'acquérait ses qualités supérieures , bien reconnues en montagne, qu'en voyageant dans des outres sur les hauteurs cévenoles. Et peut - être cette manière de voir n'est-elle pas aussi dénuée de fondement qu'on pourrait le croire de prime abord, car le ballottement des outres pendant quelques jours, à l'air vif des montagnes, peut bien valoir, pour l'amélioration des vins, un voyage autour du monde.

L'autre type de muletier passait surtout à Largentière et desservait une partie de la Haute-Loire. On l'appelait le Grand-Pierre. C'est qu'il était, en effet, d'une taille gigan-

tesque, et ce n'est pas un âne, quelque fort
fût-il, qui eût pu remplir dans sa couble de
vingt-cinq bêtes, les fonctions de cheval de
la barde. Il avait donc, pour le porter, un
mulet proportionné à sa propre taille qu'on
appelait le Grand-Mulet, et qui, disait la
chronique, fort peu soucieuse d'être taxée
d'anachronisme, avait porté le battant de la
fameuse cloche de Mende. Vous savez cette
fameuse cloche où il était écrit :

Je m'appelle Marie-Thérèse,
Cinq cents quintaux je pèse.

Le battant en pesait bien cinq ou six. Il
n'y avait qu'un défaut à cette légende, c'est
que la fameuse cloche fut fondue pendant les
guerres civiles du XVIᵉ siècle, peut être par
ordre de Merle de la Gorce, et que le battant
est resté relégué, depuis, dans un coin de la
nef, sans avoir éprouvé la force d'aucun mulet. La légende, dans tous les cas, donnait
une fière idée de la vigueur du Grand-Mulet.

Le Grand-Pierre buvait raide, encore plus
que Gilles, car il avait un plus large esto-
mac, mais il ne s'enivrait pas davantage et
n'était pas moins que l'autre sérieux en

affaires. Sa tasse d'argent était le double de celle des autres muletiers ; il disait que sa taille lui en donnait le droit, et il s'amusait à la faire boire pleine aux gens pour les faire déraisonner.

Quant à lui, il ne riait jamais. Il parlait peu ; mais, quand cela arrivait, il avait toujours le verbe haut et rude. Toutefois, son regard et sa physionomie n'avaient rien de répulsif, et l'on pouvait y voir plutôt une tristesse cachée qu'un fond méchant et brutal. Un jour, ils se rencontrèrent avec Gilles : on eût dit Héraclite et Démocrite ; mais la vue du second agaçait visiblement le premier. On avait remarqué que lorsqu'on était trop gai ou trop bruyant dans une auberge, il allait dans l'autre.

Le costume du Grand-Pierre était plus sévère que celui des autres muletiers ; il portait bien la ceinture et le gilet rouges, mais il y avait des filets de laine noire à la cordelière de son chapeau et aux pompons rouges de ses mulets, et sa cayrade, comme l'ensemble du trintrin de sa couble, avait des sons plus sourds que ceux de toutes les autres coubles qui fréquentaient le pays royol. Ce grand diable de muletier nous impressionnait particulièrement par sa haute taille,

par la gravité de ses allures et peut-être,
sans qu'on s'en rendit compte, par le mys-
tère qui semblait couvrir sa vie.

Un jour, près de la porte de l'écurie, nous
entendîmes Nanette, la femme de l'auber-
giste, lui adresser, d'un ton pénétré, quelques paroles qui nous parurent être des con-
doléances.

— Ah ! ne parlons jamais de ça ! cria le
muletier de sa voix la plus rude et d'un
air quasi menaçant.

Nanette se retira fort désappointée et son
mari s'étant approché, attiré par l'incident,
elle lui dit :

— Le pauvre homme ! il a plus de bon
cœur qu'il ne veut le paraître !

J'appris plus tard que le Grand-Pierre
avait eu quatre fils, grands et forts comme
lui, tous morts à l'armée, et qu'il ne lui
restait, de ses autres enfants, qu'une petite
fille, élevée par sa mère à lui, qui était
vieille comme un banc, et près de laquelle
seulement il oubliait, à ses retours de
voyage, la rudesse de ses manières et son
apparente insensibilité. Il y avait plus de
vingt ans que ses fils étaient morts, et le
cri qu'il avait poussé eût révélé à tout ob-

servateur que la plaie était dans son cœur
saignante comme au premier jour.

.˙.

Une autre famille de muletiers célèbres
était celle des Merlaton ; mais celle-ci s'oc-
cupait à peu près exclusivement du transport des soies, dont le commerce entre Aubenas et Saint-Etienne s'est fait, pendant de
longues années, par Antraigues, le col de
Mézilhac, le Cheylard et Saint-Agrève.

Sur cette ligne, les Merlaton et leurs mulets étaient certainement plus connus et plus
renommés que toutes les célébrités du temps.

Pour donner une idée de ce qu'était alors
la route d'Antraigues, il suffira de dire
qu'elle se détachait des bords de la Volane
vers le Fau pour aller passer au-dessus de
l'Espissard ; de là, elle descendait au pont
de l'Huile, remontait à Antraigues, suivait
le sentier actuel de la chapelle de Saint-
Roch, puis descendait vers la Viole et enfin
grimpait à Mezilhac.

A Antraigues, les muletiers s'arrêtaient à l'auberge du *Piéou* (le cheveu fin), où l'on a vu souvent de soixante à cent mulets réunis à la fois. Un fait de nature à donner une idée de l'importance du mouvement commercial dans cette direction, c'est qu'il y avait régulièrement deux jours par semaine où il était impossible aux gens de l'auberge de se coucher : le vendredi, à cause du passage des muletiers allant à Aubenas, et le samedi à leur retour. Le dimanche, on pouvait, comme le bon Dieu, se reposer.

C'est sans doute aux muletiers de la soie que se rapportent les histoires de brigands que l'on se raconte du côté du Cheylard : il y en avait deux fameux, paraît-il, qui, fortement retranchés ou soigneusement cachés dans une caverne près de Sardiges, parvinrent à rançonner les muletiers pendant une assez longue période.

Il fut un temps où, les chemins de fer n'existant pas et les meilleures routes étant mauvaises, tous les transports en dehors des pays plats se faisaient à dos de mulet.

Un octogénaire du Gard nous racontait, il y a une dizaine d'années, qu'il se rappelait fort bien d'une époque où bon nombre de propriétaires du côté de Saint-Ambroix et de Saint-Florent étaient muletiers et possédaient de grandes coubles de mulets, soit pour transporter les vins du Vivarais et du Languedoc en montagne, soit pour d s entreprises de transport à long cours d'un bout de la France à l'autre, et même en pays étranger. Il nous cita, entre autres, le fait d'un de ces muletiers qui, ayant confié sa couble à son domestique pour un transport de marchandises de Nîmes à Paris, resta deux ans à attendre le retour de sa propriété ambulante. Le domestique revint enfin, mais sans les mulets. De Paris il était allé en Belgique et de là en Allemagne, puis en Italie. Les mulets avaient péri ou avaient été vendus, mais fortune était faite, et c'était un gros sac de louis d'or que ce fidèle serviteur venait jeter aux pieds de son maitre, dont naturellement il épousa la fille. Le vieillard terminait en nous citant de riches et gros bourgeois qui n'aimeraient guère aujourd'hui à se voir rappeler leur origine muletière, dont la fortune cependant a débuté par ce roman d'une autre époque.

Les muletiers furent, dit-on, ruinés par les guerres de l'empire. Tous leurs mulets furent alors réquisitionnés et bien peu furent rendus ou payés. On raconte cependant l'histoire d'un muletier qui fut assez rusé, non-seulement pour échapper à la crise, mais pour la faire tourner à son profit. En livrant sa couble, il fit observer que personne ne saurait mieux la conduire que lui-même. Il s'offrit donc à partir avec elle. L'offre fut acceptée et il fut chargé de conduire non-seulement ses propres bêtes, mais encore celles des voisins. Or, si les voisins ne revirent plus ni bêtes ni argent, il paraît que notre homme y gagna une belle fortune ; c'est là du moins ce qu'on raconte dans les veillées de la région du Petit-Paris. Quoi qu'il en soit, la paix vint rendre aux muletiers cévenols les moyens de se relever. De nouveaux mulets étaient nés ; ils reprirent la tâche de leurs devanciers, et le vin recommença à circuler, sur leur dos, de la plaine à la montagne, jusqu'au jour où les chemins de fer, en opérant dans le système des transports une révolution radicale, vinrent porter le coup de grâce à cette pittoresque industrie.

.˙.

Olivier de Serres, que nous aimons à citer
non-seulement parce que c'est l'un des plus
illustres enfants du Vivarais, mais encore
parce qu'il est impossible de trouver un ou-
vrage plus honnête, plus sensé, plus rempl,
de faits et d'observations judicieuses que son
Théâtre d'agriculture , Olivier de Serres,
disons-nous, s'exprime ainsi au sujet de
l'éducation des mulets :

« Si, à la première instruction des chevaux, faut aller doucement, c'est en celle
des jeunes mulets et mules où il est néces-i
saire d'avoir un gouvernement patient, afin
que par ce moyen il range à la raison ces
bestes scabreuses. Car par rigueur on n'en
pourroit jamais venir à bout, tant sont-elles
jantastiques, deux capricieux ne pouvant
compatir ensemble. Donc un maistre de
l'humeur du disciple n'estant en cet endroit
propre, le conducteur des jeunes mulets en
biaisant adoucira l'aigreur de leur naturel
farouche, selon le proverbe qu'*engin vaut
mieux que force*. En quoy cet avis servira,

que ne pouvant jouir de ce bestail par ca-
resse, il faudra recourir à la famine, moyennant laquelle et l'usage modéré et opportun
de la verge, vous dompterez et apprivoiserez
cet animal pour revesche qu'il soit. »

On voit par là que le gouvernement des
mulets ne diffère pas essentiellement de celui
des hommes, vu que la patience n'est pas
moins nécessaire pour l'un que pour l'autre,
et qu'on y retrouve aussi cette *ultima ratio*
de tous les hommes d'Etat dignes de ce nom :
« L'usage modéré et opportun de la verge. »

Il est certain que nos anciens muletiers
étaient d'une habileté prodigieuse à domp-
ter et dresser leurs bêtes. Il n'y a pas de
compagnie d'élite obéissant mieux au commandement que ne le faisait une couble
bien dressée, et l'on prétend que les mulets
de Grand-Pierre savaient lire dans ses yeux
les mouvements à effectuer et la direction à
suivre.

Le muletier, du reste, était loin d'être le
conducteur brutal que l'on pourrait croire.
Il avait pu être sévère pour ses bêtes pendant la durée du dressage ; mais, une fois le
mulet incorporé dans la couble, c'était un
autre système qui prévalait. Le muletier pré-
tendait qu'on pouvait très-bien le conduire

en lui parlant le langage de la raison.
S'il avait un fouet constamment tenu à
la main ou passé en bandouillère, c'était
bien moins pour frapper, que comme marque de commandement. Voilà pourquoi il
attachait une si haute importance à la riche
et brillante décoration de cet insigne de sa
puissance. Son fouet, c'était son sceptre. Un
antique fouet de muletier est une rareté à
signaler aux collectionneurs.

Pour conduire les mulets par le langage
de la raison, le muletier n'avait besoin que
des cinq voyelles : *a, e, i, o, u,* précédées de
quelques *rr* et suivies de quelques claque-
ments de fouet. Les mulets comprenaient
parfaitement ce que cela voulait dire et, sans
besoin d'autres explications, accéléraient ou
ralentissaient le pas, allaient de l'avant ou
revenaient en arrière, tournaient à droite ou
à gauche, au gré de leur conducteur.

Ceux qui les ont vus, comme nous, manœuvrer, peuvent affirmer que le proverbe
têtu comme un mulet n'est pas d'une vérité
absolue. Les mulets, s'ils pouvaient parler,
le retourneraient sans doute contre nous, et
ils auraient raison. Peut-être aussi notre in-
docilité vient-elle simplement de ce que les
modernes conducteurs d'hommes ne connais-

sent pas l'art de se faire obéir que possédaient si bien les muletiers.

Cependant,— et c'est par là que nous fini-
rons, — un mot de Gilles, le muletier-Dé-
mocrite, — prière aux compositeurs de ne
pas nous faire dire démocrate, — nous revient à la mémoire. Quand les mulets n'allè-
rent plus, le joyeux pourvoyeur de la Lozère se laissa bombarder maire de son village, et il paraît qu'il eut force déboires,
car, avant de mourir, il disait mélancolique-
ment à quelqu'un dans son patois expressif:

— *Crésé mi, li hômé soun pu miéou qué li
miéou !* (Croyez-moi, les hommes sont plus
mulets que les mulets.)

Lyon, Imp. du *Salut Public*, 33, r. de la République

ERRATUM

A la note de la page 16, lire :
M. de Gallier. — Trois lignes plus bas,
lire : *Poncer* et non pas *Poncet*.

8